어떻게 해서든지 적의 진출을 더디게 하고자, 혼성 부대를 만들어 이곳에서 대항하기로 하였다.

그러나, 서울에 대 부대를 모으고, 드디어 한 강을 건넌 적은 노량진, 영등포 선을 돌파하고, 다시금 탱크를 선두로 맹진격을 계속하여 수원으로 몰려왔다.

우리 국군은 한 강 남방과, 그리고 동부 전선까지에서 적을 막으려고 눈물겨운 전투를 하였으나 워낙 장비가 미약하고 수가 적으므로 도저히 오래 적을 막을 도리가 없었다.

그래서, 부득이 서울을 후퇴한 지 6일만에 수원도 내어주게 되고, 국군은 온 전선에서 다음 싸움터까지, 후퇴하게 되었다. 그러나, 이 수원 전선에서 우리 국군이 재빠르게 혼성 부대를 만들어 한 강 방어선을 나만 며

사변 제一와 제二 주의 상황

철이라도 지탱한 것은 군사적으로 크게 값있는 일이었다.

4. 유엔군의 도움

6월 25일, 적의 침략이 시작되자, 우방 미국에서는 우리 대한 민국에 대한 군사 원조의 계획을 세우고, 27일 안전 보장 이사회의 의결에 따라, 자유 대한을 돕기 위하여 참전하게 되었다.

그리하여, 트루만 대통령은 미국 공군과 해군, 및 육군에게 우리 한국을 도울 것을 명령하였으며, 유엔 사무국 리이 총장은 세계 51 개국의 출병을 요청하였다.

이리하여, 세계 평화를 목적으로 하는 유엔 헌장의 정신을 살리기 위하여, 국제 경찰 유엔군은 드디어 우리 나라로 출동하게 되었다.

6월 29일, 연합군 최고사령관 맥아더 장군은 비행기를 타고 수원에 와서, 몸소 영등포 전선을 시찰하였고, 미국 공군은 재빠르게 활동하여 적의 군사 시설과 남진하는 적군을 연달아 쳐부수었으며, 해군은 동해, 황해, 남해 전체에 걸치어 해안을 봉쇄하였다.

전시생활 3-2

국군과 유엔군은 어떻게 싸워 왔나?

(국민학교 5.6학년)

문교부

국군과 유엔군은 어떻게 싸워왔나?

一. 뜻밖의 침략을 막기 위하여

1. 우리 군대는 어째서 후퇴하며 싸우게 되었던가?

4283년 6월 25일 일요일 새벽! 북한 공산당은 19만 대군을 동원하여, 쏟아지는 비를 무릅쓰고, 38 선을 넘어서 벼란간 우리 남한으로 처들어왔다. 그들은, 이 침략을 위하여, 미리부터 세밀한 계획을 세우고, 비밀히 준비를 하여 온 것이다.

이 뜻밖의 습격을 받은 우리 국군의 38 선 제일 선 부대는, 곧 방위 태세를 취하여, 우선, 경계 진지에서 적의 맹공격을 막아 싸웠다.

육군 본부는 급히 비상 소집을 하는 동시에, 서울 지구에 대하여 전면적인 동원령을 내렸다. 그리하여, 완전 무장을 한 군인을 실은 트럭들이 전 속력을 놓아, 38 선으로 38 선으로 달려갔다.

그러나, 우리의 작전은 뜻과 같지 못하였다. 우리에게는 적을 막을 만한 준비가 되어 있지 않았던 까닭이다. 한 대의 탕크도 없었고, 비행기도 정찰기 밖에 없었으며, 대포와 탄환도 부족하였다.

우리 국군의 대전차포는 적의 탕크에 백발 백중으로 맞기는 하나, 괴물 같은 적의 탕크는 꿈적도 않고 그냥 달려들어 오는 것이었다.

육군 작전 본부는 남한 각지의 부대들에게 급히 38 선으로 모일 것을 명령하였으나, 그것은 시간이 걸리는 일이라, 때는 이미 늦고 말았다.

그래서, 우리 국군은 하는 수 없이 눈물을 머금고 후퇴하게 되었다.

악마 같은 적은 160 대의 전차 부대를 선두로 하여, 38 선 남쪽으로 쳐들어와 여러 도시를 차례로 점령하고, 의정부를 거치어 서울로 닥아왔다.

2. 서울 지구의 싸움

서울 부근에 적이 침입하자, 정부와 국회는 부득이 우선 수원으로 옮겼다.

적이 점점 가까이 오자, 서울은 큰 혼란을 일으

였다 수많은 자동차가 한 강을 건너 남으로 달려갔고, 거리거리는 남쪽으로 피란하는 시민들로 길이 다혔다.

국군이나 경찰이나 시민이나 다 당황하고 비통한 표정으로 움직이었다.

국군의 후퇴는 계속되고, 탕크를 탄 야수들은 서울로 향하여 그냥 진격을 계속하였다.

28일 새벽 두시 반, 한 강의 철교와 인도교는 수많은 시민들을 서울에 남긴 채 폭파되었다. 많은 사람들이 강을 건너려다 빠져 죽기도 하였다. 길이 막히매, 최후까지 마포에서 혹은 남산에서 항전하다가 목숨을 나라에 바친 우리 국군들도 적지 않았다.

이 날 아침 벌써 적의 탕크 부대는 서울에 들어오고, 그러자, 몇 시간 만에, 서울은 완전히 적의 손아귀에 들어가고 말았다.

3. 수원 지구의 싸움

서울에서 후퇴한 국군들은 한 강을 건너 영등포, 시흥 부근에 진을 치고 병력을 모았다.

열렬한 적개심과 항쟁심에 불타는 우리 장병들은,

육군은 우선 일본으로부터 약 3,500 명의 미군이, 우리 남한의 군정장관이었던 띠인 사령관에게 인솔되어 건너왔고, 계속하여 많은 군대가 뒤를 이어 우리 나라로 오게 되었다. 오오스트랄리아 비행기도 전선에 나타나 우리를 돕기 시작하였다.

이들은 모두 안전 보장 이사회의 결의에 따라 유엔군으로서 활동하게 된 것이다.

그 후 우리 나라의 사태에 대한 세계의 동정과 협

맥아더 장군에게 보내는 유엔기 수여식

심은 날로 커지고, 불행한 사태에 빠진 우리 한국을 구원해야 하겠다는 세계 자유 인민의 열정은 점점 드높아 갔다.

그리하여, 유엔 50여개 회원 국가들은 우리 한국에서 공산 침략군과 싸우기 위하여 육.해.공군의 모반, 식량, 전쟁 물자, 그 밖의 여러 가지 물자를 보내왔다.

5 금강(錦江) 지구의 싸움

뚫고 나아가는 힘을 가진 적의 탕크는 무서웠다.

수원에 돌입한 적은 평택, 천안 청주, 조치원, 등을 차례로 침공하고서 곧장 대전으로 향하는 패와, 서쪽으로 온양, 홍성을 거쳐 대천으로 향하는 패로 나뉘었고, 중부 산악 지대로 원주, 제천을 거쳐 단양으로 향하는 적과, 동해안 삼척을 침공한 후 울진을 공격하여 영덕으로 향하는 적도 있었다.

그러나, 치열한 유엔군의 폭격으로 말미암아, 그들의 진격은 점점 힘이 줄어 갔다. 그리하여, 적은 보급의 곤난과 병력의 소모를 보충하기 위하여, 이른바 의용군을 강제로 모집하기 시작하였다.

이 때 마침 급히 우리 나라 전선으로 달려온 미군 선발대가 평택, 천안 부근에 나타났다. 그리하여, 여기서 처음으로 유엔군은 국군과 공동 전선을 치고, 적을 막아 싸우기 시작하였다.

유엔 공군은 일본 기지에서, 혹은 대구 기지에서 밀집히 최전선을 감싸주었으며, 미군 탱크 부대도 이 때부터 비로소 전선으로 달리기 시작하였다.

그 동안 우리 국군은 평택에서 군을 다시 편성하여 눈부신 활약을 하였으며, 진천, 청주 등지에서 적절한 작전 계획아래 적을 크게 무찌르다가 조치원의 유엔군 부대가 후퇴하기 시작하매, 이를 따라 보은 문경, 영주 선까지 후퇴하였다,

이 때, 맥아더 총사령부는 미군 제8군단 사령을

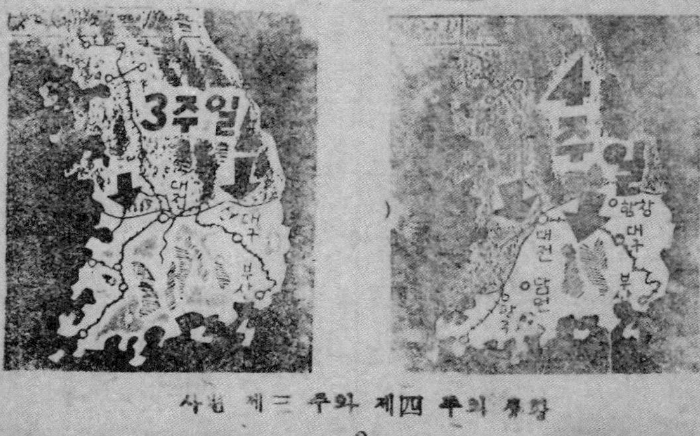

사변 제三 주와 제四 주의 전황

워커 중장을 한국전선 총지휘관으로 임명하였다.

적은 각 방면으로 금 강을 건너, 대전을 향하여 닥아왔고, 그 선두 부대는 7월 20일 아침에 대전 시내에 돌입하여 왔다.

우리 유엔군은 빠주우까포라는 새 무기를 사용하여 적을 많이 무찔렀으나, 워낙 10 배가 넘는 적의 수효에 눌리게 되매, 하는 수 없어, 이 날 오후로 다시 후퇴 명령을 내렸으니, 끝까지 대전을 방위하려던 띄인 소장이 아깝게도 행방 불명이 된 것은 바로 이 때였었다.

6. 낙동 강 지구의 싸움

대전에서 후퇴한 유엔군은 그 동남쪽 진지에서 우리 국군과 연결되었고, 부산, 포항에서 올라온 유엔군도 합하여, 공산군 제일 선 부대와 맹렬한 격전이 벌어졌다.

적은 있는 힘을 다하여 닥아왔으나, 우리 공군의 맹렬한 폭격으로 그들은 큰 타격을 입게 되매, 적의 주력은 동부 산악 지대로 숨기 시작하였다.

그러나, 한 편 금 강을 건넌 적은 논산, 이리,

사변 제六 주와 제八 주의 상황

군산 방면으로 들어갔고, 이어서 우리 군대의 배치가 적었던 전북, 전남을 단숨에 침공하고 말았다.

그리고, 대전을 침공한 중부의 적과 동부의 적들은 차차 김천, 함창, 군위, 예천, 안동, 영덕 등 충북 및 경북 각도시를 침공하고, 드디어 낙동강을 건너, 대부대가 대구를 향하여 몰려들어 오게 되었다.

한편 전북, 전남을 공략한 적은, 경남북에 들어와 고령, 합천, 의령, 진주, 등을 각각 침공하고, 낙동강선 유엔군 전면에 나타났다.

워커 중장과 한국군 총사령관 정 일권 소장은 대구를 중심으로 한 연합군의 최후 방위선을 끝까지 지탱하려고 대구에서 세밀한 작전 계획을 세웠다. 7월 27일 맥아더 장군이 두번째 우리 나라에 와서 전선을 시찰한 것은 바로 이 때였다.

미군의 증원 부대가 뒤를 이어 전선에 참가하게

우리의 병력은 공산군과 거의 같게 되어 갔으며, 부산 항구에는 매일 같이 수 십 척의 화물선이 출입하여, 군수 물자를 수송하고 있었다.

낙동 강 선에 모여든 약 15 만의 적은 별별 수단을 다하여 침공을 계속하려 하였으나, 이미 정비된 우리 군은 마산에서 포항에서 의성, 군위에서 적을 여지없이 쳐부수어 그 공격을 막아냈다.

8 월 초 이미 적은 약 반수의 병력과 장비를 잃었고, 특히 적의 탕크, 비행기는 우리 극동 공군의 활약으로 대부분이 없어지고 말았다.

8 월에 들어 적은 큰 타격과 손해를 무릅쓰고 끊임없이 공격을 계속한 결과, 일부는 낙동 강을 건너왔으나, 이렇게 건너온 적의 수보다 몇 백 배나 되는 적이 낙동 강의 고기밥이 되어, 결국 성공하지 못하였다.

8 월 그믐께가 되어 지칠 대로 지친 적은 작전을 어서 빨리 끝마치고자 몇 번이나 총공격을 감행하여 왔으나, 왜관 근처에서 삐29 99 대의 명석말이 폭격으로 말미암아, 4 만 명의 대 부대가 결정적으

로 섬멸 당한 것을 비롯하여, 곳곳에서 패하고 말았다

초조해 진 적은 군대를 다시 정비하고, 온 힘을 다하여 9월 1일 전 전선에 걸쳐 최후적인 발악을 감행하여 왔다.

이 큰 적을 만나 국군이 부득이 후퇴하매, 북부 연합군 방위선이 터지게 되어, 적은 드디어 대구에 바싹 다아오게 되었고, 영천이 적의 손에 들어가고, 우리 군이 포항에서 철수하게 되니, 전선은 또 다시 위태롭게 되었다

그리하여, 미 제 8 군단 사령부와 육군 본부는 할 수 없이 부산으로 옮기게 되었다.

사변 제1 주의 상황

그러나, 남부 전선에서의 연합군의 반격은 매우 치열하여, 함안 부근에서는 적 일천 명을 섬멸하고 전선을 확보하였다. 그러는 동안, 우리의 용장 (勇將) 유 재홍 군

단장은 영천 시가급 중심으로 물 샐 틈 없는 진을 쳐 놓고, 이 포위망에 든 적을 영천 평야에서 철저히 포위 섬멸하였다. 이와 동시에 대구 중부 전선에 있어서도 큰 전과를 거두었다.

이로서 200 Km 에 뻗친 낙동 강 방위선은 안정되고, 후퇴 천리, 약 팔십여일에 걸친 지연 작전은 이것으로써 끝을 마치었다. 단숨에 대구를 빼았고, 부산까지 내려밀려던 적의 기세는 완전히 꺽이었고, 넋을 잃은 남은 적들은 드디어 후퇴를 시작하였다.

아! 근심에 싸이고, 두려움에 덮혔던 운명의 낙동강 방위선! 우리는 이 선을 지킴으로 말미암아 침략자 공산군을 섬멸하고, 우리 대한 민국을 길이 보호하였다.

二. 승리의 진군

1. 인천과 서울을 도로찾는 싸움

후퇴 작전 두달 반, 드디어 반격의 날은 왔다!

9 월 15일 새벽, 맥아더 장군 진두 지휘 아래, 함선 264 척이 출동하고, 육해군 4 만 이상이 참가하

여, 역사적인 인천 상륙 작전이 감행되었다.

연막으로 가리워진 적의 포병 진지를 향해, 유엔군 함대는 일제히 중포격을 퍼붓기 시작하였다. 공군은 때를 놓지지 않고 빗발 같이 폭탄을 퍼부었다. 포격 소리는 천지를 진동하고, 검은 연기는 하늘을 뒤덮었다.

이렇게 싸운 지 약 30 분만에 적이 굳게 장비해 놓은 월미도는 드디어 우리 해병대의 손에 돌아오고, 월미도에 상륙한 지 12 시간 만에, 우리 군은 벌써 서울로 향하여 3 km 나 전진하고 있었다. 다음 16일에는 인천의 대부분을 점령하고, 인천 동방 km 지점까지 진출하였다.

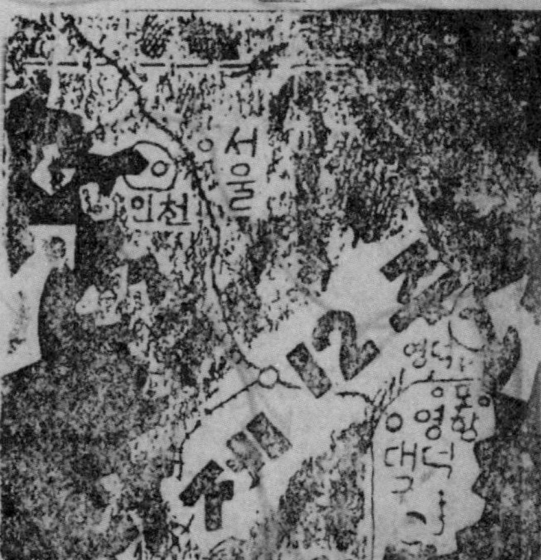

사변 제12주의 상황

이와 때를 같이 하여, 다른 해병대는 동해안 영덕 부근에 상륙 작전을 감행하여 새로운 교두보를 이루는 데 성공하고 있었다.

서울 돌입을 다투어 인천 서울 가도를 전진

하는 부대와, 17일 김포 비행장을 점령한 해병대는 18일 각각 서울 10km 이내에 육박하고, 그 일부는 19일 영등포를 점령하였다.

이리하여, 20일, 김포 방면의 유엔군 해병대는 드디어 한 강을 건넜고, 인천으로부터의 함포사격과 함재기들의 도움을 받은 국군은, 차례로 홍제원, 신촌, 노량진, 삼 방면으로부터 서울 시내에 돌입하여, 며칠을 두고 처참한 시가전을 계속한 후 드디어 9월 28일, 우리의 수도 서울을 완전히 도로 찾고 말았다.

석 달 동안이나 공산당들에게 시달리어 갖은 고

우리 해병대의 서울 입성식

생을 해 오면 시민들은, 한없는 기쁨과 감격의 눈물로 국군 및 유엔군을 환영하였으며, 이 날 정오 중앙청에 휘날리는 태극기를 바라보며 목이 터져라고 외치는 시민들의 만세 소리는 장안을 흔들었다.

2. 낙동 강 지구에서의 총진군

인천 상륙 작전과 때를 같이 하여, 9월 16일 낙동 강 전선의 유엔군과 우리 국군 전 장병은 일제히 진격을 개시하였다.

천진 만리! 후퇴도 빨랐지만 공격은 그보다 훨씬 빨랐다.

공격을 개시한 지 불과 며칠에 우리 국군은 영월 단양, 충주, 등을 차례로 탈환하고, 패주하는 적을 추격하였으며, 한편 유엔군은 6일 영동을 탈환한후. 대전으로 향하는 부대와, 진주를 거쳐, 광주, 전주, 남원, 담양 등을 차

9월 26일 전선 상황

래로 탈환하고 북진하는 부대로 나뉘어서 진격하였다.

희생된 장병들의 죽음을 헛되게 하지 않고 조국을 지키려면, 기어코 공산군을 모조리 섬멸하여야 하겠다고 외치면서 질풍 같이 북으로 북으로 진격하는 우리 국군의 의기는 하늘을 찌를 듯 하였다.

3. 38 이남을 도로 찾다

서울 지구에서 내려와 수원을 탈환한 유엔군은 9월 23일 오산에 돌입하였고, 26일에는 이 부대와 남쪽에서 올라온 부대가 천안 근방에서 감격의 악수를 교환하였다.

이로 말미암아, 호남 지방의 공산군은 완전히 독 안에 든 쥐가 되어, 얼마 후에 거의 다 섬멸되고 말았다.

각 전선에서의 우리 군의 진격은 번개처럼 빨랐다. 우리 군대는 닥치는 대로 공산군을 무찌

사변 제 16 주의 상황

토면서 38 선을 향하여 전진 또 전진하였다.

잔인 무도한 공산군은, 쫓겨 달아나면서도, 촌락이나 도시에서 아무 까닭없이 수많은 시설과 가옥을 불태우고 양민을 학살하였다.

우리는 적의 침략을 받은 지 석달 만에 38 이남을 완전히 도로 찾았으며, 적은 유엔군과 국군의 용감한 싸움으로 말미암아 그 병력의 4분의 3을 잃었다.

4. 우리 정부와 유엔의 새로운 활동

우리 군대가 38 이남을 도로 찾을 무렵에, 유엔 총회가 열리고 이 총회에서 우리 나라의 통일과 부흥에 대한 의논을 하였다.

그리하여 10월 7 일, 즉, 영국을 비롯한 여덟 나라로부터 민주주의 한국의 통일과 부흥을 위하여 제출된 새로운 안이 압도적 다수로써 채택되었다. 그 결의는 "온 한국에 통일된 민주 독립 정부를 세우기 위하여 자유 선거를 시행하고, 또 전쟁으로 인하여 파괴된 모든 시설을 시급히 복구하는 한 편, 경제를 다시 일으키어 한국 사람들이 잘 살 수 있도록 하여 주자" 는 것과 "유엔군은 이 결의를 실천 완수하기에 필요한 이외에는 우리 나라에 남아 있지 않게 하자" 는 내용으로 되어 있다.

이 결의로써 우리 민족 숙망의 남북 통일은 실현될 것이며, 또 유엔군이 38 선을 넘어 진격할 수 있는 권한도 결정된 것이다.

그리고 이 결의를 실행하기 위하여 새로히 유엔 한국 통일 재건 위원단을 임명하였는데, 이 위원단은 현재 우리 나라에 와서 활동하고 있다.

三. 한 발짝 앞에 놓인 조국의 통일

1. 없어진 38 선

9 월 30일 하오, 38 선 돌파의 명령은, 유엔군 제 8 군단장 워커 중장으로부터, 강릉 부근에 있던 우리 국군에게 내렸다.

이에, 참고 기다려 오던 우리 국군은, 드디어 10월 1 일 아침, 동쪽 해안에서 한 많은 38 선을 돌파하고 북으로 진격하기 시작하였다.

맥아더 사령관은 이 날 라디오를 통하여 북한 공산군에게 "무기를 버리고 항복하라" 고 권고하였다.

38 선을 넘어서 북진하는 유엔군

그러나, 적은 듣지 않았다.

맥아더 장군은 또 다시 김 일성에게 최후적 항복의 요구의 통고를 하였다. 이에 대하여 김 일성은 회답 대신 그 부하들에게 "최후의 한 사람까지 싸우라" 고 명령하였다.

이에, 유엔군은 단호한 태도로 10월 7일 하오 5시에 개성 방면으로부터 38 선을 넘어 북진을 시작하였다, 이 때, 우리 국군은 성낸 파도와 같이 북으로 북으로 올라가 원산에 육박하는 한편, 평양, 원산 간의 철도를 차단하고 있었다.

이리하여 원한의 38 선은 드디어 없어지고, 잔인무도한 공산당들의 포악한 정치로 말미암아, 오래 동안 공포와 암흑 속에서 슬픔과 참화를 겪어 오던 북한 동포들도 평화와 자유의 기쁨을 얻게 된 것이었다.

2. 원산, 평양, 지구의 싸움.

앞으로 앞으로 용감히 나아간 우리 국군은 10월 10일 새벽, 공산군의 악착한 저항을 물리치면서 원산 시를 탈환하였다, 한 편 10월 12일에 해주를, 17일에 사리원을 탈환하고. 황해도를 완전히 해방시킨 유엔군과 국군은 평안남도로 쳐들어가, 10월 19일 드디어 공산당들의 악독한 정치의 본거지였던 평양을 탈환하였다.

텅 비었던 여러 도시가 국군에게 탈환되자. 비로소 시민들은 안심한 낯 빛으로 각기 자기 집을 찾아 모여 들었다. 시민들은 김 일성이와 스따알린의 초상을 떼어 내던지고, 기쁨과 감격으로 국군을 얼싸 안고 우는 것이었다.

8. 15 해방 이후 다섯 해 동안을 공산당들의 잔악한 정치 밑에서 신음하던 북한 동포들의 얼굴

에는 이제야 따뜻한 자유와 평화의 빛이 점점 떠올랐다.

맥아더 장군은, 10월 20일, 비행기를 타고 이미 완전히 해방되어 질서를 회복한 평양 시로 가서, 워커 중장과 정황에 대한 회담을 하였고, 29일 우리 이 대통령도 평양을 방문하시어 시민들의 열광적 환영을 받으셨다.

3. 국경 가까이

10월 2?일, 4.200 명의 미군 낙하산 부대가 평양으로부터 도망하는 공산군의 길을 막기 위하여 숙천과 순천 지대에 내리었다. 낙하산 부대가 우리

북으로 북으로 전진하는 우리 군대

바 땅에 내린 것은 이것이 처음이었다.

21일에는 또다시 숙천에 새로운 낙하산 부대 1,800 명이 내리어 공산군의 도망 길을 끊고, 2만 8천 명의 적을 포위 섬멸하였다.

용감 무쌍한 우리 국군은 동서 양 전선에서 국경을 향하여 북으로 북으로 힘차게 진격을 계속하였다.

그리하여 서부 전선에 있어서는 10월 하순에 희천, 안주, 박천, 영변, 운산, 정주 등을 연달아 탈환하고, 동부 전선에서도 번개 같이 진격하여 북청, 단천 서지을 차례로 수복하였다.

육지에서 바다에서 하늘 위에서 승리의 태극기를 앞세우고, 산 넘어, 강 건너, 마을을 찾아서 번개 같이 진군하는 우리 군대들의 모습은 참으로 장하고 씩씩하였다.

사변 제18 주의 상황

진격은 쉴 사이 없이 계속되어, 서부 전선의

유엔군은 신의주 남방 40 km에 육박하였고, 동북부와 중부 전선의 우리 국군은 동북의 중요한 항구 청진을 탈환하였고 (25일), 한편 중부 전선을 계속하여 북진하던 국군 부대는 26일 초산을 탈환하였으니, 이 부대가 제일착 으로 압록 강에 도달한 부대이었다. 미군 및 유엔군은 갑산, 삼수를 거치어, 21일 드디어 국경 혜산진을 탈환하였고, 그 밖의 여러 부대도 계속하여 국경에 도달하고 있었다.

이리하여 압록 강과 두만 강 남쪽의 우리 강토를 완전히 도로 찾게 되니, 숙망의 조국 통일을 축하할 날도 머지 않았던 것이다.

四. 새로운 침략자 중공군이 몰려오다

1, 원수의 중공군

그러던 것이, 여기에 뜻밖의 큰 적이 나타났다 곧, 중국 공산군이 불법하게도 우리에게 덤벼든 것이다. 그들은 북한 꼭두각시들과 같은 공산패요, 북한 꼭두각시들과 마찬가지로 소련의 앞잡이 이므로,

앞잡이끼리 돕기 위하여, 11월 6일, 분수 없이 우리에게 덤벼든 것이었다.

중공군이 참전함으로써 우리 나라의 전쟁은 새로운 모습으로 변하였다.

한,만 국경 만주 땅에 구름 같이 모였던 중공군의 큰 떼는 11월 27일 압록 강을 넘어 대대적으로 쳐들어왔다.

그들은, 이른바 인해 전술을 써서, 한꺼번에 몇십만이라는 많은 수로 떼지어 덤벼들었다. 그 때문에 유엔군과 우리 국군은 청천 강 지구에서 거의 한달을 두고 일진 일퇴하던 끝에 새로운 전술을 쓰기 위한 시간의 여유를 얻기 위하여 또 다시 후퇴 작전을 쓸 수 밖에 없었다.

그래서, 서부 전선에 있어서는 11월 29일에 미군 일부가 청천 강 남안으로 철퇴한 것을 시초로, 12월 5일 평양과 진남포를 버리고 연속 철퇴를 계속하였으며, 동북부 전선에서도 12월 9일 원산 지구에서 철수를 완료하였고, 동북 해안을 청진과 국경 지대까지 진출하였던 국군 및 유엔군은 남쪽으로 함흥과 흥남에 모이어 16일에는 함흥에서, 24일에는 흥남 지구에서 철수를 완료하였다.

원산 지구에서 내려온 적이 14일에는 벌써 춘천에 나타나매, 이곳에서 또다시 처참한 싸움이 벌어졌다

12월 12일, 서울 북방 신 방위선에 도달한 우리 군은, 내려오는 적을 여기서 한 때 막았으나, 그들의 수는 날이 갈수록 자주 느는 한 편이었다. 27일에 그들은 개성에 침입하였고, 29일 중공군의 대군은 서울 북방에 집결하여 왔다.

이에, 하는 수 없이 정부와 국회는 또 다시 서울을 떠나 연말 연시에 걸쳐 부산으로 옮겼고, 시민들은 거의 다 또 다시, 혹독한 추위를 무릅쓰고, 남쪽으로 피란을 하였다.

해는 바뀌어 4284년 1월 4일, 유엔군이 서울을 철수하자, 물밀듯 서울로 침입한 그들은, 5일 이미 한 강을 건너, 남쪽으로 진격을 계속하여 왔다.

그리하여 영등포, 시흥, 수원으로 연달아 들어온 적은, 10일 전후에는 오산 지구에 침입하고, 이어서 평택에 다아왔으며, 원산 지구에서 남하한 적은 6일

홍천에 침입하고, 이어서 횡성, 원주에 이르러 다시 영월, 제천 지구에 나타나게 되었다.

2. 평화를 위한 유엔의 노력

11월 6일, 중공이 불법하게도 한국 전쟁에 참가하자, 미국을 비롯한 세계 민주 국가들은 한층 더 긴장하고, 유엔에서는 이 중공의 불법 참전을 중지하게 하기 위하여 갖은 노력을 다하였다.

중공 대표를 유엔에 불러, 침략을 중지하라고 타일르기도 하고, 삼인 위원회에서는 모 택동 중공 주석에게 모든 사태를 평화적으로 해결하게 하자는 성명서를 보내기도 하고, 아시아 13 개국과 그 밖의 나라들이 제안한 "한국 전쟁을 끝마치고 모든 문제를 평화적으로 해결하자,, 는 안을 가결하여 중공에게 권고도 하는 등, 여러 가지로 노력하였으나, 그들 중공 및 그 배후의 소련은 끝끝내 화평 교섭을 반대하고 거절하였다. 그러는 한편, 그들은 계속하여 더욱 더 많은 군대를 우리 나라 전선에 몰아 넣었다.

여기에 유엔도 참다 못하여 2월 1일 드디어 중공

을 침략자로 규정하고, 앞으로 더 침략을 계속한다면 용서 없이 이를 쳐부수기로 결정하였다.

3. 우리 군대의 맹공격

유엔군과 국군이 중공군에 비하여 수가 매우 적은 것은 사실이나, 그러나 우리 군대가 힘이 약하여서 그들에게 밀려 내려온 것은 아니었다. 될 수 있으면 그들 중공과의 충돌을 피하여 사태가 크게 벌어지지 않도록 하려는 생각과, 한편 그들의 보급로를 길게 하고 새로운 작전 계획을 연구할 여유를 얻기 위하여 별로 싸우지도 않고 멀찌기 남쪽으로 후퇴를 한 것이었다.

그러나, 그들은 드디어 38 선을 넘어서고, 또 다시 유엔군과 국군을 남쪽 끝까지 내려밀 기세로 몰려왔으니, 그들의 이러한 공격은 도저히 그대로 내버려 둘 수는 없는 것이었다.

1 월 15일 이후, 오산, 영등포 사이를 일진 일퇴하던 우리 군은 25일 드디어 총공격을 개시하였다. 그리하여 적을 여지없이 무찌르고 오산에서 북쪽으로 쳐올라가, 2 월 말에는 한 강 남쪽으로 쳐들어갔다

그리하여 3월 14일에는 서울을 탈환하고, 3월 25일을 전후하여 38 선 이남의 전 지역을 또다시 완전 수복하였다.

4. 우리의 각 오

북한과 중국의 공산당들은 세계를 자기 손아귀에 넣고 제멋대로 지배하려는 소련의 야망에 어리석게도 고빡 이용 당하여, 죽음을 무릅쓰고 우리에게 덤비고 있으니, 이들 수많은 적을 상대하고 있는 우리 나라는 참으로 위태로운 처지에 놓여 있었던 것이다.

그러나, 세계 50 여개 민주 국가 우방들은 우리 나라의 참다운 벗으로서 우리를 돕고 있을 뿐 아니라, 우리는 정의를 위하여 싸우고 있으니, 최후의 승리가 우리에게 있음은 의심할 여지가 없다.

그러므로 우리는 우선 반드시 이긴다는 굳은 신념을 가져야 하겠다. 그와 동시에 우리는 이길 수 있도록 노력하고 모든 일을 실천해야 하겠다.

우리는, 우리 나라를 위하여 몸을 바쳐 싸우고 있는 우리 국군과 유엔군에게 깊이 감사하고, 이들

장병에게 한장의 위문문, 한 가지의 위문품이라도 더 많이 보내도록 해야 하겠다.

우리는 이 싸움을 이기기 위하여 모든 물건을 아껴 쓰고, 싸움에 필요한 물건을 바쳐야 하며, 군대를 돕고, 싸움에 이받이될 일이라면 무슨 일이고 힘껏 해야 하겠다.

우리는 굳센 몸과 마음을 길러, 우리도 앞 날에는 빛나는 대한 민국 군인으로서 씩씩하게 싸울 준비를 해야겠다.

단결은 힘이다. 우리 온 국민은, 이 계제에 더욱굳게 단결해야 하겠다. 만일 이번 싸움에 진다면 우리는 다죽거나, 또는 공산당들의 노예가 되어 버릴 것이니, 우리는 이 전쟁을 반드시 이길 각오로 단결하여 총진군해야 하겠다.

이 전쟁을 하루 바삐 이김으로써 우리는 우리의 조국을 하루 빨리 통일하여야 한다. 그리고 삼천만 우리 민족이 다 같이 손을 잡고 파괴된 것을 복구하고, 땀 흘려 건설하여 다 같이 평화롭게 살아 나아가도록 하며, 앞 날에는 위대한 문화를 창조하여, 우리 대한 민국을 세계에 빛내도록 해야 하겠다.

(끝)

꽃 다 발

……일선 용사들에게 바치는 선물……

조국을 구하려고
뛰쳐나선 그대들께
황금을 바치리까 진주를 바치리까.
값 주고 못 살 꽃다발 한 아름을 바칩니다.

○

국화도 아니거나, 매화도 아니거니 봄 바람에
피자 지는 도리화야 더 아니오.
영원히 그대들 이름 앞에 안 슬어질 꽃이라오

○

심장에 끓는 피로 물 들어 붉은 송이,
절개와 신념으로 돋아 나온 푸른 잎새,
정열의 비단 끈으로 휘휘 츤츤 감았다오,

○

꽃 잎 조기 포기 방울 방울 맺힌 구슬,
행여 헛 보오면 이슬로만 여기리다,
우국정 솟은 눈물이 하 애닯아 달린 거요.

○

민족의 매운 넋이 이 꽃 속에 향기 되어,
그대들 숨결마다 스미고 배어들어,
몸채로 젖고 잠기어 썩을 줄이 없으리다.

—4284년 1월 25일 부산에서 노산 이 은상—

단기4284년3월1일 인쇄
단기4284년3월5일 발행

전시생활3—2
국군과 유엔군 은
어떻게 싸워 왔나?

지은이
겸편이 문 교 부

피난 학동에
게 거저 줌

박은이 교학도서주식회사
대표자 최 상 윤

등록 4283년 11월 1일 49호

국군과 유엔군은 어떻게 싸워왔나?
(전시생활 국어교과서)3-2. 복제본 39,000원
13700
9 788959 551156
ISBN 978-89-5955-115-6